185 Versi della Bibbia per Eliminare l'Ansia e lo Stress.

Come Controllare l'Ansia e gli Attacchi di Panico con Riflessioni Giornaliere Tratte dalla Bibbia.

Indice

Senti di aver perso la tua pace mentale?

Si stima che il 20% delle persone soffre di ansia e vive sensazioni come:

- Pensieri negativi costanti e intensi, che opprimono e sono molto difficili da controllare

- Insonnia: Hanno difficoltà ad addormentarsi e, quando finalmente ci riescono, si svegliano per un nonnulla e ricominciano a rigirarsi nel letto senza riuscire a prendere sonno

- Stanchezza e poca energia in corpo

- Irritabilità

- Tensione muscolare e dolori di testa

- Difficoltà a concentrarsi

- Problemi digestivi

Vivono con la paura costante e una preoccupazione eccessiva.

Arrivano persino al punto di provare attacchi di panico, che si manifestano con palpitazioni o dolori al torace, tachicardia, tremori, mancanza d'aria, vertigini e, spesso, anche la sensazione di essere sul punto di morire.

È molto difficile godersi la vita in queste condizioni.

Gli esperti della Mayo Clinic negli Stati Uniti assicurano che, se non si agisce rapidamente, è possibile avere altre complicazioni, come:

- Depressione

- Problemi cardiovascolari

- Problemi digestivi come ulcera, gastrite, sindrome dell'intestino irritabile, ecc.

- O persino arrivare alla disabilità.

Esistono delle soluzioni per superare l'ansia e lo stress, ma una costante che ho trovato in molte persone che si sono riprese, è quella di cercare di avvicinarsi a Dio.

È questo il motivo per cui ho deciso di creare questo libro, contenente 185 versi della Bibbia appositamente selezionati per aiutarti a superare l'ansia e lo stress.

Puoi anche utilizzarlo come diario per documentare pensieri e riflessioni; è stato scientificamente dimostrato che aiuta a ridurre l'ansia e lo stress.

Questo libro ti aiuterà a:

- Recuperare la tua pace mentale

- Vivere senza paura e con più fiducia in te stesso/a

- Reagire con più sicurezza e tranquillità di fronte alle sfide della vita

- Riprendere il controllo della tua mente

- Vivire una vita normale.

È tempo che tu ritorni nuovamente te stesso e inizi a goderti la vita.

In qualsiasi momento della nostra vita possiamo sentirci invasi e sopraffatti da preoccupazioni estreme.

Si stima che circa il 20% delle persone vive con ansia, il che le porta a soffrire di angoscia, irrequietezza, perdita della propria pace mentale e a vivere la vita con molte paure e insicurezze.

Le cause sono diverse, ma possiamo dire che in generale l'ansia si verifica come risultato di:

- Situazioni traumatiche che non possiamo controllare

- Mancanza di denaro per far fronte alle responsabilità e necessità economiche

- Malattie personali o dei propri cari

- Stress da lavoro

- Relazioni tossiche

- Essere vittima di abusi

- Paura prima di prove accademiche

- Sentimenti di colpa per gli errori commessi

- Esperienze sconosciute

- Discussioni e problemi in famiglia o tra amici

- Paura che i figli possano essere in pericolo

- Vivere in zone di guerra

- Dubbi sul futuro, e molte altre situazioni.

Dio non è estraneo a queste tribolazioni che affliggono l'umanità.

Adesso condividerò con voi la mia umile raccolta di versi della Bibbia per superare l'ansia e lo stress.

MOLTO IMPORTANTE

Dopo i versetti avrai uno spazio a disposizione per raccogliere le tue riflessioni e i tuoi pensieri su base giornaliera.

Mettere i nostri pensieri per iscritto o tenere un diario ha scientificamente dimostrato che:

- Riduce l'ansia nei pazienti che soffrono di sclerosi multipla (Hasanzadeh, Khoshknab, & Norozi, 2012);

- Riduce i sintomi fisici, i problemi di salute e di ansia nelle donne (LaClaire, 2008);

- Aiuta gli studenti a gestire i propri livelli di stress e ansia (Flinchbaugh, Moore, Chang, & May, 2012).

- Ha inoltre dimostrato che aiuta a gestire la tensione e a ridurre la depressione.

Per questo ti invito a riflettere giornalmente sui versetti, e a prenderti del tempo per scrivere i tuoi pensieri sul libro.

Salmi 120: 1

Nella mia angoscia ho gridato al Signore ed egli mi ha risposto.

Scrivi qui le tue riflessioni.

Salmi 28: 6-7

6 Benedetto sia il Signore, poiché ha udito la voce delle mie suppliche.

7 Il Signore è la mia forza e il mio scudo; in lui s'è confidato il mio cuore, e sono stato soccorso; perciò il mio cuore esulta, e io lo celebrerò con il mio canto.

Scrivi qui le tue riflessioni.

Salmi 34: 17-19

17 I giusti gridano e il Signore li ascolta; li libera da tutte le loro disgrazie.

18 Il Signore è vicino a quelli che hanno il cuore afflitto, salva gli umili di spirito.

19 Molte sono le afflizioni del giusto; ma il Signore lo libera da tutte.

Scrivi qui le tue riflessioni.

Salmi 42: 5

Perché ti abbatti, anima mia? Perché ti agiti in me?
Spera in Dio, perché lo celebrerò ancora; egli è il mio
salvatore e il mio Dio.

Scrivi qui le tue riflessioni.

Salmi 62: 6-8

6 Anima mia, trova riposo in Dio solo, poiché da lui proviene la mia speranza.

7 Egli solo è la mia rocca e la mia salvezza; egli è il mio rifugio; io non potrò vacillare.

8 Dio è la mia salvezza e la mia gloria; la mia forte rocca e il mio rifugio sono in Dio.

Scrivi qui le tue riflessioni.

Salmi 107: 5-6

5 Soffrivano la fame e la sete, l'anima veniva meno in loro.

6 Ma nella loro angoscia gridarono al Signore ed egli li liberò dalle loro tribolazioni.

Scrivi qui le tue riflessioni.

Salmi 107: 13-15

13 Gridarono al Signore nella loro angoscia ed egli li salvò dalle loro tribolazioni;

14 li fece uscire dalle tenebre e dall'ombra di morte, spezzò le loro catene.

15 Celebrino il Signore per la sua bontà e per i suoi prodigi in favore degli uomini!

Scrivi qui le tue riflessioni.

Salmi 121: 1-2

1 Alzo gli occhi verso i monti, da dove mi verrà l'aiuto?

2 Il mio aiuto vien dal Signore, che ha fatto il cielo e la terra.

Scrivi qui le tue riflessioni.

Salmi 102: 1- 2

1 Signore, ascolta la mia preghiera e giunga fino a te il mio grido!

2 Non nascondermi il tuo volto nel giorno della mia sventura; porgi il tuo orecchio verso di me; quando t'invoco, affrettati a rispondermi.

Scrivi qui le tue riflessioni.

Se l'ansia è diventata difficile da sopportare, dovresti sapere che la Bibbia ci offre delle preziose lezioni su questo stato emotivo e su come superarlo:

Proverbi 12: 25

L'affanno deprime il cuore dell'uomo, una parola buona lo allieta.

Scrivi qui le tue riflessioni.

Salmi 55: 4

Il mio cuore spasima dentro di me e spaventi mortali
mi son caduti addosso.

Scrivi qui le tue riflessioni.

Proverbi 14: 30

Un cuore tranquillo è la vita di tutto il corpo, l'invidia è
la carie delle ossa.

Scrivi qui le tue riflessioni.

Come abbiamo già detto, quando soffriamo di ansia è molto difficile rimanere calmi.

Perdiamo la tranquillità non appena non siamo in grado di controllare i nostri problemi o le situazioni che ci riguardano.

Ma Dio non vuole che viviamo in questo modo. Gesù stesso, prima di essere crocifisso, diede tranquillità ai suoi discepoli quando disse loro:

Giovanni 14: 1-3

1 Non sia turbato il vostro cuore. Abbiate fede in Dio
e abbiate fede anche in me. 2 Nella casa del Padre
mio vi sono molti posti. Se no, ve l'avrei detto. Io vado
a prepararvi un posto. 3 E quando sarò andato e vi
avrò preparato un posto, ritornerò e vi prenderò con
me, perché siate anche voi dove sono io. 4 E del
luogo dove io vado, voi conoscete la via.

Scrivi qui le tue riflessioni.

Diamo un'occhiata a un altro verso in cui siamo chiamati a mantenere la speranza e la fiducia in Dio:

Apocalisse 2: 10

Non temere ciò che stai per soffrire: ecco, il diavolo sta per gettare alcuni di voi in carcere, per mettervi alla prova e avrete una tribolazione per dieci giorni. Sii fedele fino alla morte e ti darò la corona della vita.

Ciò significa che, anche quando ci sentiamo tormentati da persone oppure da qualche calamità o pericolo, non dobbiamo smettere di confidare nella protezione divina.

Questa potrebbe sembrare la cosa più difficile da fare, perché quando soffriamo per causa di persone malvagie o circostanze incontrollabili, è proprio quello il momento in cui ci sentiamo più soli. Sembra che Dio ci abbia dimenticato.

Ma non è così. Lui è al nostro fianco e le sue parole sacre ce lo ricordano.

Scrivi qui le tue riflessioni.

Queste sono le sfide della vita, alcune più dure di altre e che causano ansia, ma Dio ci darà conforto e ricompenserà tali prove di fede in maniera ancora più gratificante:

Romani 5: 3-5

3 E non soltanto questo: noi ci vantiamo anche nelle tribolazioni, ben sapendo che la tribolazione produce pazienza, la pazienza una virtù provata, 4 e la virtù provata la speranza, 5 La speranza poi non delude, perché l'amore di Dio è stato riversato nei nostri cuori per mezzo dello Spirito Santo che ci è stato dato.

Scrivi qui le tue riflessioni.

Salmi 6: 9-10

9 Via da me, voi tutti malfattori; poiché il Signore ha udito la voce del mio pianto.

10 Il Signore ha ascoltato la mia supplica, il Signore accoglie la mia preghiera.

Scrivi qui le tue riflessioni.

Matteo 11: 28-30

28 Venite a me, voi tutti, che siete affaticati e
oppressi, e io vi ristorerò. 29 Prendete il mio giogo
sopra di voi e imparate da me, che sono mite e umile
di cuore, e troverete ristoro per le vostre anime. 30 Il
mio giogo infatti è dolce e il mio carico leggero.

Scrivi qui le tue riflessioni.

2 Corinzi 4: 8-10

8 Siamo infatti tribolati da ogni parte, ma non schiacciati; siamo sconvolti, ma non disperati; 9 perseguitati, ma non abbandonati; colpiti, ma non uccisi, 10 portando sempre e dovunque nel nostro corpo la morte di Gesù, perché anche la vita di Gesù si manifesti nel nostro corpo.

Scrivi qui le tue riflessioni.

Salmi 37: 1-5

1 Non adirarti a causa dei malvagi; non aver invidia di quelli che agiscono perversamente; 2 perché presto saranno falciati come il fieno e appassiranno come l'erba verde.

3 Confida nel Signore e fa' il bene; abita il paese e pratica la fedeltà.

4 Trova la tua gioia nel Signore, ed egli appagherà i desideri del tuo cuore.

5 Riponi la tua sorte nel Signore; confida in lui, ed egli agirà.

Scrivi qui le tue riflessioni.

Efesini 6: 10-12

10 Per il resto, attingete forza nel Signore e nel vigore della sua potenza.

11 Rivestitevi dell'armatura di Dio, per poter resistere alle insidie del diavolo. 12 La nostra battaglia infatti non è contro creature fatte di sangue e di carne, ma contro i Principati e le Potestà, contro i dominatori di questo mondo di tenebra, contro gli spiriti del male che abitano nelle regioni celesti.

Scrivi qui le tue riflessioni.

2 Corinzi 4: 16-17

16 Per questo non ci scoraggiamo, ma se anche il nostro uomo esteriore si va disfacendo, quello interiore si rinnova di giorno in giorno.

17 Infatti il momentaneo, leggero peso della nostra tribolazione, ci procura una quantità smisurata ed eterna di gloria.

Scrivi qui le tue riflessioni.

Salmi 61: 1-3

1 O Dio, ascolta il mio grido, sii attento alla mia preghiera. 2 Dall'estremità della terra io grido a te, con cuore affranto; conducimi tu alla rocca ch'è troppo alta per me.

3 poiché tu sei stato un rifugio per me, una torre fortificata davanti al nemico.

Scrivi qui le tue riflessioni.

1 Pietro 1: 6-7

6 Perciò siete ricolmi di gioia, anche se ora dovete essere un po' afflitti da varie prove, 7 perché il valore della vostra fede, molto più preziosa dell'oro, che, pur destinato a perire, tuttavia si prova col fuoco, torni a vostra lode, gloria e onore nella manifestazione di Gesù Cristo.

Scrivi qui le tue riflessioni.

Salmi 91: 1-16

1 Chi dimora nel riparo dell'Altissimo, riposa all'ombra dell'Onnipotente, io lo dico all'Eterno: «Tu sei il mio rifugio e la mia fortezza, il mio Dio, in cui confido».

3 Certo egli ti libererà dal laccio dell'uccellatore e dalla peste mortifera; 4 Egli ti coprirà con le sue penne e sotto le sue ali troverai rifugio; la sua fedeltà ti sarà scudo e corazza.

5 Tu non temerai lo spavento notturno, né la freccia che vola di giorno, 6 né la peste che vaga nelle tenebre, né lo sterminio che imperversa a mezzodì.

7 Mille cadranno al tuo fianco e diecimila alla tua destra, ma a te non si accosterà.

8 Basta che tu osservi con gli occhi e vedrai la retribuzione degli empi.

9 Poiché tu hai detto: «O Eterno, tu sei il mio rifugio», e hai fatto dell'Altissimo il tuo riparo, 10 non ti accadrà alcun male, né piaga alcuna si accosterà alla tua tenda.

11 Poiché egli comanderà ai suoi Angeli di custodirti in tutte le tue vie.

12 Essi ti porteranno nelle loro mani, perché il tuo piede non inciampi in alcuna pietra.

13 Tu camminerai sul leone e sull'aspide, calpesterai il leoncello e il dragone!

14 Poiché egli ha riposto in me il suo amore, io lo libererò e lo leverò in alto al sicuro, perché conosce il mio nome.

15 Egli mi invocherà e io gli risponderò; sarò con lui nell'avversità; lo libererò e lo glorificherò.

16 Lo sazierò di lunga vita e gli farò vedere la mia salvezza.

Scrivi qui le tue riflessioni.

Isaia 35: 4

Dite agli smarriti di cuore: «Coraggio! Non temete; ecco il vostro Dio, giunge la vendetta, la ricompensa divina. Egli viene a salvarvi».

Scrivi qui le tue riflessioni.

Geremia 1: 8

«Non temerli, perché io sono con te per proteggerti».
Oracolo del Signore.

Scrivi qui le tue riflessioni.

Isaia 43: 2-4

2 Quando dovrai attraversare le acque, io sarò con te; quando attraverserai i fiumi, essi non ti sommergeranno; quando camminerai nel fuoco non sarai bruciato e la fiamma non ti consumerà. 3 Perché io sono il Signore, il tuo Dio, il Santo d'Israele, il tuo salvatore; io ho dato l'Egitto come tuo riscatto, l'Etiopia e Seba al tuo posto. 4 Perché tu sei prezioso ai miei occhi, perché sei degno di stima e io ti amo, do uomini al tuo posto e nazioni in cambio della tua vita.

Scrivi qui le tue riflessioni.

Le Sacre Scritture ci ricordano inoltre che, proprio come abbiamo bisogno di credere che Dio non ci abbandoni nei momenti difficili, dobbiamo anche trasmettere quella sicurezza a tutti coloro che vediamo stanno attraversando un momento difficile:

2 Corinzi 1: 3-4

3 Benedetto sia il Dio e Padre del nostro Signore Gesù Cristo, il Padre misericordioso e Dio di ogni consolazione, 4 il quale ci consola in ogni nostra afflizione, affinché, mediante la consolazione con la quale siamo noi stessi da Dio consolati, possiamo consolare quelli che si trovano in qualunque afflizione.

Ovviamente non si tratta di rimanere stoici o imperturbabili da qualsiasi male che ci affligge, visto che le emozioni sono innate e inevitabili, ma dobbiamo imparare a riposare i nostri disturbi in Dio, perchè è lui che ha la soluzione o la cura.

Scrivi qui le tue riflessioni.

Ebrei 6: 18-20

18 Il Signore ci diede sia la sua promessa che il suo giuramento, in modo che potessimo contare in pieno su questi due atti irrevocabili, nei quali è impossibile che Dio non sia sincero. E tutti quelli che cercano scampo in Dio per avere la salvezza sono incoraggiati dalla promessa e dal giuramento di Dio: ora possono sapere senza dubbio che egli darà loro la salvezza che ha promesso. 19 Questa sicura speranza di essere salvati è come l'ancora della nostra anima, è la speranza che ci lega a Dio stesso e penetra al di là delle sacre cortine del cielo, 20 dove Cristo entrò prima di noi ad intercedere per la nostra causa.

Scrivi qui le tue riflessioni.

1 Corinzi 10: 12- 13

12 Perciò, chi pensa di stare in piedi guardi di non cadere. 13 Nessuna tentazione vi ha còlti, che non sia stata umana; però Dio è fedele e non permetterà che siate tentati oltre le vostre forze; ma con la tentazione vi darà anche la via di uscirne, affinché la possiate sopportare.

Scrivi qui le tue riflessioni.

Salmi 116: 3-6

3 I legami della morte mi avevano circondato, le angosce del soggiorno dei morti mi avevano colto; mi aveva raggiunto la disgrazia e il dolore. 4 Ma io invocai il nome del Signore: «Signore, libera l'anima mia!» 5 Il Signore è pietoso e giusto, il nostro Dio è misericordioso. 6 Il Signore protegge i semplici; io ero ridotto in misero stato ed egli mi ha salvato.

Scrivi qui le tue riflessioni.

Matteo 6: 25-34

25 Perciò vi dico: per la vostra vita non affannatevi di quello che mangerete o berrete, e neanche per il vostro corpo, di quello che indosserete; la vita forse non vale più del cibo e il corpo più del vestito?

Scrivi qui le tue riflessioni.

Potresti lasciare una recensione
sulla tua esperienza avuta con
questo libro?

26 Guardate gli uccelli del cielo: non seminano, né mietono, né ammassano nei granai; eppure il Padre vostro celeste li nutre. Non contate voi forse più di loro?

Scrivi qui le tue riflessioni.

27 E chi di voi, per quanto si dia da fare, può aggiungere un'ora sola alla sua vita? 28 E perché vi affannate per il vestito? Osservate come crescono i gigli del campo: non lavorano e non filano.

Scrivi qui le tue riflessioni.

29 Eppure io vi dico che neanche Salomone, con tutta la sua gloria, vestiva come uno di loro. 30 Y si Ora se Dio veste così l'erba del campo, che oggi c'è e domani verrà gettata nel forno, non farà assai più per voi, gente di poca fede?

Scrivi qui le tue riflessioni.

31 Non affannatevi dunque dicendo: Che cosa
mangeremo? Che cosa berremo? Che cosa
indosseremo?

Scrivi qui le tue riflessioni.

32 Di tutte queste cose si preoccupano i pagani; il Padre vostro celeste infatti sa che ne avete bisogno.

33 Cercate prima il regno di Dio e la sua giustizia, e tutte queste cose vi saranno date in aggiunta.

Scrivi qui le tue riflessioni.

34 Non affannatevi dunque per il domani, perché il domani avrà già le sue inquietudini. A ciascun giorno basta la sua pena.

Scrivi qui le tue riflessioni.

Parole simili di fiducia su ciò che sta per accadere, e
per le quali non dovremmo sentirci angustiati,
appaiono nel Vangelo di Luca:

Luca 12: 22-34

22 Gesù disse ai suoi discepoli: «Perciò vi dico: non
siate in ansia per la vita vostra, di quel che
mangerete, né per il corpo, di che vi vestirete; 23
poiché la vita è più del nutrimento e il corpo più dcl
vestito. 24 Osservate i corvi: non seminano, non
mietono; non hanno dispensa né granaio, eppure Dio
li nutre. E voi, quanto più degli uccelli valete!

Scrivi qui le tue riflessioni.

25 E chi di voi può con la sua preoccupazione aggiungere un'ora sola alla durata della sua vita? 26 Se dunque non potete fare nemmeno ciò che è minimo, perché vi affannate per il resto?

Scrivi qui le tue riflessioni.

27 Guardate i gigli, come crescono; non faticano e
non filano; eppure io vi dico che Salomone stesso,
con tutta la sua gloria, non fu mai vestito come uno di
loro. 28 Ora se Dio riveste così l'erba che oggi è nel
campo e domani è gettata nel forno, quanto più
vestirà voi, gente di poca fede!

Scrivi qui le tue riflessioni.

29 Anche voi non state a cercare che cosa
mangerete e che cosa berrete, e non state in
ansia! 30 Perché è la gente del mondo che ricerca
tutte queste cose; ma il Padre vostro sa che ne avete
bisogno.

Scrivi qui le tue riflessioni.

31 Cercate piuttosto il suo regno, e queste cose vi saranno date in più.

Scrivi qui le tue riflessioni.

32 Non temere, piccolo gregge; perché al Padre vostro è piaciuto di darvi il regno. 33 Vendete i vostri beni, e dateli in elemosina; fatevi delle borse che non invecchiano, un tesoro inesauribile nel cielo, dove ladro non si avvicina e tignola non rode. 34 Perché dov'è il vostro tesoro, lì sarà anche il vostro cuore.

Scrivi qui le tue riflessioni.

Le parole degli evangelisti Luca e Matteo ci insegnano inoltre che i problemi legati al denaro non dovrebbero disturbare il nostro spirito.

Non si tratta certamente di sedersi e aspettare che le ricchezze piovano dal cielo perché, trattandosi di un'esperienza pur sempre umana, dobbiamo anche riuscire ad essere padroni delle nostre finanze e dei nostri mezzi di sostentamento.

Dio, tuttavia, offre ogni giorno il suo aiuto dandoci salute e fede in modo da poter soddisfare i nostri bisogni materiali.

Scrivi qui le tue riflessioni.

Salmi 37: 25

Io sono stato giovane e sono anche divenuto vecchio,
ma non ho mai visto il giusto abbandonato, né la sua
discendenza mendicare il pane.

Scrivi qui le tue riflessioni.

Giovanni 6: 11-13

11 Allora Gesù prese i pani e, dopo aver reso grazie, li distribuì a quelli che si erano seduti, e lo stesso fece dei pesci, finché ne vollero. 12 E quando furono saziati, disse ai discepoli: «Raccogliete i pezzi avanzati, perché nulla vada perduto». 13 Li raccolsero e riempirono dodici canestri con i pezzi dei cinque pani d'orzo, avanzati a coloro che avevano mangiato.

Scrivi qui le tue riflessioni.

Ababuc 3: 17-19

17 Il fico infatti non germoglierà, nessun prodotto
daranno le viti, cesserà il raccolto dell'olivo, i campi
non daranno più cibo, i greggi spariranno dagli ovili
e le stalle rimarranno senza buoi. 18 Ma io gioirò nel
Signore, esulterò in Dio mio salvatore.

Scrivi qui le tue riflessioni.

19 Il Signore Dio è la mia forza, egli rende i miei piedi
come quelli delle cerve e sulle alture mi fa
camminare.

Scrivi qui le tue riflessioni.

Isaia 26: 12

Signore, tu ci darai la pace; poiché ogni opera nostra
la compi tu per noi.

Scrivi qui le tue riflessioni.

Matteo 13: 22

Quello che ha ricevuto il seme tra le spine è colui che
ode la parola; poi gli impegni mondani e l'inganno
delle ricchezze soffocano la parola che rimane
infruttuosa.

Scrivi qui le tue riflessioni.

Filippesi 4: 19

Il mio Dio, a sua volta, colmerà ogni vostro bisogno secondo la sua ricchezza con magnificenza in Cristo Gesù.

Scrivi qui le tue riflessioni.

Matteo 10: 28-31

28 E non temete coloro che uccidono il corpo, ma non possono uccidere l'anima; temete piuttosto colui che può far perire l'anima e il corpo nella geenna. 29 Due passeri non si vendono per un soldo? Eppure non ne cade uno solo in terra senza il volere del Padre vostro. 30 Quanto a voi, perfino i capelli del vostro capo sono tutti contati. 31 Non temete dunque; voi valete più di molti passeri.

Scrivi qui le tue riflessioni.

Ebrei 13: 5-6

5 La vostra condotta non sia dominata dall'amore del denaro; siate contenti delle cose che avete; perché Dio stesso ha detto: «Io non ti lascerò e non ti abbandonerò». 6 Così noi possiamo dire con piena fiducia: «Il Signore è il mio aiuto; non temerò. Che cosa potrà farmi l'uomo?»

Scrivi qui le tue riflessioni.

Può sembrare difficile da credere, ma l'ansia non è assolutamente così negativa.

Se ben incanalata, può essere un motore che ci spinge ad agire nella vita e ad affrontare le sfide e le prove che la Bibbia ci descrive.

È normale voler sapere quando e come superare le nostre ansie.

Nell'aiuto spirituale che la Bibbia fornisce, ci sono due azioni che ci consentono di navigare con successo in questi tempi difficili.

Il primo, come abbiamo già notato nelle Letture, è confidare pienamente nel potere di Dio e di Gesù Cristo. Il secondo è chiedere, pieni di fiducia, al Signore, di ascoltarci e prestarci attenzione.

Quindi, la soluzione all'ansia che ci travolge e ci tiene lontani dalla pace sta nella preghiera.

Salmo 13: 2-6

2 Fino a quando avrò l'ansia nell'anima e l'affanno nel cuore tutto il giorno? Fino a quando s'innalzerà il nemico su di me? 3 Guarda, rispondimi, o Signore, mio Dio! Illumina i miei occhi perché io non m'addormenti del sonno della morte, 4 affinché il mio nemico non dica: «L'ho vinto!» e non esultino i miei avversari se io vacillo. 5 Quanto a me, io confido nella tua bontà; il mio cuore gioirà per la tua salvezza; io canterò al Signore perché m'ha fatto del bene.

Scrivi qui le tue riflessioni.

Filippesi 4: 6-7

6 Non angustiatevi di nulla, ma in ogni cosa fate conoscere le vostre richieste a Dio in preghiere e suppliche, accompagnate da ringraziamenti. 7 E la pace di Dio, che supera ogni intelligenza, custodirà i vostri cuori e i vostri pensieri in Cristo Gesù.

Scrivi qui le tue riflessioni.

Salmi 18: 2-4

2 Io ti amo, o Signore, mia forza, 3 Il Signore è la mia rocca, la mia fortezza, il mio liberatore; il mio Dio, la mia rupe, in cui mi rifugio, il mio scudo, il mio potente salvatore, il mio alto rifugio. 4 Io invocai il Signore ch'è degno d'ogni lode e fui salvato dai miei nemici.

Scrivi qui le tue riflessioni.

Salmi 38: 8-9

8 Sono sfinito e depresso; ruggisco per il fremito del mio cuore. 9 Signore, ti sta davanti ogni mio desiderio, i miei gemiti non ti sono nascosti.

Scrivi qui le tue riflessioni.

Geremia 17: 7-8

7 Benedetto l'uomo che confida nel Signore, e la cui fiducia è il Signore! 8 Egli è come un albero piantato vicino all'acqua, che distende le sue radici lungo il fiume; non si accorge quando viene la calura e il suo fogliame rimane verde; nell'anno della siccità non è in affanno e non cessa di portare frutto.

Scrivi qui le tue riflessioni.

Salmi 55: 22

Getta sul Signore il tuo affanno, ed egli ti sosterrà;
egli non permetterà mai che il giusto vacilli.

Scrivi qui le tue riflessioni.

Salmi 56: 2-4

2 I miei nemici vorrebbero continuamente divorarmi.
Sì sono molti coloro che mi combattono nel loro
orgoglio. 3 Quando avrò paura, confiderò in te. 4 Con
l'aiuto di Dio celebrerò la sua parola; ho posto la mia
fiducia in Dio, non temerò. Che cosa mi può fare
l'uomo?

Scrivi qui le tue riflessioni.

Romani 8: 26-28

26 Allo stesso modo ancora, lo Spirito viene in aiuto alla nostra debolezza, perché non sappiamo pregare come si conviene; ma lo Spirito intercede egli stesso per noi con sospiri ineffabili; 27 e colui che esamina i cuori sa quale sia il desiderio dello Spirito, perché egli intercede per i santi secondo il volere di Dio. 28 Or sappiamo che tutte le cose cooperano al bene di quelli che amano Dio, i quali sono chiamati secondo il suo disegno.

Scrivi qui le tue riflessioni.

Salmi 56: 10-11

10 Coll'aiuto di Dio celebrerò la sua parola; coll'aiuto dell'Eterno celebrerò la sua parola.

11 In Dio confido e non temerò; che mi può far l'uomo?

Scrivi qui le tue riflessioni.

Salmi 118: 5-7

5 Nell'angoscia invocai l'Eterno, e l'Eterno mi rispose e mi trasse al largo. 6 L'Eterno è per me; io non avrò alcun timore; che cosa mi può fare l'uomo? 7 L'Eterno è per me fra quelli che mi soccorrono, e io guarderò trionfante sui miei nemici.

Scrivi qui le tue riflessioni.

Secondo la definizione del dizionario, la parola stress indica tensione o pressione fisica, emotiva o mentale.

Tuttavia, nel linguaggio di tutti i giorni, tutti sanno che lo "stress" si riferisce al disagio, all'oppressione o alle ansie che proviamo nelle molteplici prove che la vita ci presenta quotidianamente.

Sembra persino che le esigenze di questi tempi sembrano essere più grandi e infinite.

Cercare di mantenere in buone condizioni il nostro lavoro e le nostre attività, la nostra famiglia, i nostri amici, può riverlarsi travolgente.

Tuttavia, lo stress, sebbene sia un termine usato solo di recente, dal secolo scorso, non è una nuova sensazione.

L'uomo lo vive da quando esiste sulla Terra. Nella Bibbia, ad esempio, non troveremo alcuna traduzione che usi la parola "stress", ma esistono molte scritture che la descrivono, quando si parla di problemi, preoccupazioni e sentimenti ad esse associati.

Il modo in cui affrontiamo questi sentimenti stressanti dipende esclusivamente da noi. Se decidiamo di affrontarli da soli, senza alcun tipo di aiuto, sarà difficile per noi trovare una tranquillità duratura.

La soluzione definitiva per sconfiggere lo stress è cedere le nostre vite a Dio, affidando le nostre preoccupazioni nelle sue mani.

Come possiamo raggiungere questo obiettivo?

In due modi, prima credendo pienamente in Lui, sapendo che ci ascolta e ascolta le nostre preghiere; e poi fidandosi, con assoluta certezza, del fatto che ciò che Lui decide sarà la cosa migliore per noi, anche quando le nostre circostanze temporanee sembrano dimostrare il contrario.

Scrivi qui le tue riflessioni.

Salmi 119: 143

Affanno e tribolazione m'hanno colto, ma i tuoi
comandamenti sono la mia gioia.

Scrivi qui le tue riflessioni.

Ebrei 11: 1

La fede è fondamento delle cose che si sperano e
prova di quelle che non si vedono.

Scrivi qui le tue riflessioni.

Salmi: 138: 8

Il Signore completerà per me l'opera sua. Signore, la tua bontà dura per sempre: non abbandonare l'opera delle tue mani.

Scrivi qui le tue riflessioni.

Atti 27: 25

Perciò non perdetevi di coraggio, uomini; ho fiducia in Dio che avverrà come mi è stato annunziato.

Solo coloro che non si fidano hanno stress, perché il credere porta alla fiducia. Nei Proverbi 3: 5-6 si dice: «5 Confida nel Signore con tutto il cuore e non appoggiarti sulla tua intelligenza; 6 in tutti i tuoi passi pensa a lui ed egli appianerà i tuoi sentieri».

Il re David sapeva che, cercando il Signore e condividendo i suoi problemi con Lui, avrebbe trovato sollievo (Salmo 34: 4): «Ho cercato il Signore, ed egli m'ha risposto; m'ha liberato da tutto ciò che m'incuteva terrore».

Diamo un'occhiata ad alcuni versetti che dimostrano come la fede nel Signore e l'abbandono di ogni nostra angoscia in Lui restituiscano la pace allo spirito e la certezza che gli ostacoli verranno superati secondo i suoi piani riservati per noi:

Scrivi qui le tue riflessioni.

Salmi 27: 1

Il Signore è la mia luce e la mia salvezza; di chi temerò? Il Signore è il baluardo della mia vita; di chi avrò paura?

Scrivi qui le tue riflessioni.

Romani 8: 38-39

38 Infatti sono persuaso che né morte, né vita, né angeli, né principati, né cose presenti, né cose future, 39 né potenze, né altezza, né profondità, né alcun'altra creatura potranno separarci dall'amore di Dio che è in Cristo Gesù, nostro Signore.

Scrivi qui le tue riflessioni.

Salmi 121: 5

Il Signore è colui che ti protegge; il Signore è la tua ombra; egli sta alla tua destra.

Scrivi qui le tue riflessioni.

Filippesi 4: 13

Tutto posso in colui che mi dà la forza.

Scrivi qui le tue riflessioni.

Salmi 27: 13-14

13 Ah, se non avessi avuto fede di veder la bontà del Signore sulla terra dei viventi! 14 Spera nel Signore! Sii forte, il tuo cuore si rinfranchi; sì, spera nel Signore!

Scrivi qui le tue riflessioni.

Proverbi 16: 3

Affida al Signore le tue opere, e i tuoi progetti
avranno successo.

Scrivi qui le tue riflessioni.

Salmi 94: 18

Quand'ho detto: «Il mio piede vacilla», la tua bontà, o
Signore, m'ha sostenuto.

Scrivi qui le tue riflessioni.

Deuteronomio 31: 6

Siate forti, fatevi animo, non temete e non vi
spaventate di loro, perché il Signore tuo Dio cammina
con te; non ti lascerà e non ti abbandonerà.

Scrivi qui le tue riflessioni.

Isaia 41: 10

Non temere, perché io sono con te; non smarrirti, perché io sono il tuo Dio. Ti rendo forte e anche ti vengo in aiuto e ti sostengo con la destra vittoriosa.

Scrivi qui le tue riflessioni.

Salmi 56: 4

Nell'ora della paura, io in te confido.

Scrivi qui le tue riflessioni.

Giosuè 1: 9

Non ti ho io comandato: Sii forte e coraggioso? Non temere dunque e non spaventarti, perché è con te il Signore tuo Dio, dovunque tu vada.

Scrivi qui le tue riflessioni.

Proverbi 29: 25

Il temere gli uomini pone in una trappola; ma chi confida nel Signore è al sicuro.

Scrivi qui le tue riflessioni.

2 Timoteo 1: 7

Dio infatti non ci ha dato uno spirito di paura, ma di forza, di amore e di disciplina.

Scrivi qui le tue riflessioni.

Deuteronomio 31: 8

Inoltre l'Eterno stesso cammina davanti a te; egli sarà con te; non ti lascerà e non ti abbandonerà; non aver paura e non sgomentarti.

Scrivi qui le tue riflessioni.

Marco 6: 49-50

49 Ma i discepoli, vedendolo camminare sul mare, pensavano che fosse un fantasma e si misero a gridare, 50 perché lo avevano visto tutti e si erano spaventati, ma egli subito parlò loro e disse: «Fatevi animo, sono io, non temete!»

Scrivi qui le tue riflessioni.

1 Pietro 3: 14

Ma, anche se doveste soffrire per la giustizia, beati
voi! «Or non abbiate di loro alcun timore e non vi
turbate».

Scrivi qui le tue riflessioni.

Salmi 31: 19

Quanto è grande la tua bontà che riservi per quelli
che ti temono, e che usi in presenza dei figli degli
uomini verso quelli che si rifugiano in te!

Scrivi qui le tue riflessioni.

Isaia 51: 12

Io, io stesso, sono colui che vi consola; chi sei tu da dover temere l'uomo che muore e il figlio dell'uomo destinato ad essere come erba?

Scrivi qui le tue riflessioni.

Luca 2: 10

Ma l'angelo disse loro: «Non temete, perché vi annunzio una grande gioia che tutto il popolo avrà».

Scrivi qui le tue riflessioni.

Salmi 94: 19

Quando un gran numero di preoccupazioni mi
assillavano, le tue consolazioni mi rincuoravano.

Scrivi qui le tue riflessioni.

Salmi 115: 11

O voi che temete l'Eterno, confidate nell'Eterno! Egli
è il loro aiuto e il loro scudo.

Scrivi qui le tue riflessioni.

1 Cronache 28: 20

Davide disse quindi a suo figlio Salomone: «Sii forte e coraggioso e mettiti al lavoro, non temere e non sgomentarti, perché l'Eterno Dio, il mio Dio, sarà con te. Egli non ti lascerà e non ti abbandonerà, finché non avrai terminato tutto il lavoro per il servizio della casa dell'Eterno».

Scrivi qui le tue riflessioni.

Infine, esiste un Salmo particolarmente noto ma che, non per essere stato facilmente divulgato, è meno prezioso nel suo insegnamento.

Tutt'al contrario, è una preghiera che con delle belle parole ricorda a tutte le persone che soffrono per carenze, bisogni, dolore nell'anima o nel corpo, paure, dubbi o affrontano persone o problemi che a un certo punto sembrano essere stati superati, che Dio è con loro, che non li abbandonerà mai e che per loro ha preparato una ricompensa alla fine di quel duro viaggio che stanno vivendo:

Salmi 23: 1-6

1 Il Signore è il mio pastore: non manco di nulla; 2 su pascoli erbosi mi fa riposare ad acque tranquille mi conduce. 3 Mi rinfranca, mi guida per il giusto cammino, per amore del suo nome. 4 Se dovessi camminare in una valle oscura, non temerei alcun male, perché tu sei con me. Il tuo bastone e il tuo

vincastro mi danno sicurezza. 5 Davanti a me tu
prepari una mensa sotto gli occhi dei miei nemici;
cospargi di olio il mio capo. Il mio calice trabocca.
6 Felicità e grazia mi saranno compagne tutti i giorni
della mia vita, e abiterò nella casa del Signore per
lunghissimi anni.

Scrivi qui le tue riflessioni.

Ti invito a leggere l'altro mio libro sull'ansia.

Come Controllare L'ansia E Gli Attacchi Di Panico

I Segreti Efficaci Per Tornare Ad Essere Te Stesso E Goderti La Tua Vita Tranquillamente

Ronna Browning